PUBLICADO POR NICHOLAS THOMPSON

Dieta Vegetariana: Elimina El Consumo De Carne Y Ponte Saludable Y en Forma

Publicado por Nicholas Thompson

@ Micol Lara

Dieta Vegetariana: Elimina El Consumo De Carne Y Ponte Saludable Y en Forma

Todos los derechos reservados

ISBN 978-87-975002-8-6

TABLA DE CONTENIDO

Perritos Calientes De Tofu Con Chile 1

Macarrones Con Tomate Y Queso Vegano 4

Chile Vegetariano 6

Ensalada De Arroz Integral Con Verduras A La Plancha ... 8

Cena Picadillo De Zapallitos 12

Batido De Aguacate 14

Aguacate Rellena 16

1-Sopa De Cebolla Estilo Francés 18

2-Receta De Crema De Zanahoria Y Patata 20

Ensalada De Lentejas 23

Palomitas De Chocolate Chai 25

Tempeh Chow Mein 28

Tazón De Fideos Con Miso Al Rojo 32

Muffins Ingleses Para El Desayuno 35

Pepino Relleno De Huevo Cremoso 37

Pimientos Rellenos 38

Sopa De Col Negra 40

- Sopa De Espelta 43
- Sopa De Miso 45
- Rollitos De Peperoni Y Queso 48
- Espaguetis Con Tomate Fresco Y Albahaca 50
- Risotto Con Hongos Porcini 53
- Pudín De Chocolate 58
- Ensalada De Huevo Cremosa 60
- Filetes De Col 61
- Ensalada De Frutas Y Queso Fresco 64
- Ensalada De Pera Y Queso Gorgonzola 66
- Ensalada De Frutos Mixtos 68
- Pan Súper Especiado 70
- Pan De Almendras Clásico 72
- Pan De Plátano Y Almendras 74
- Sopa De Queso De Coliflor 76
- Chile Vegetariano Keto 78
- Sopa Keto Estilo Mexicano 80
- Judias Verdes 83

- Judias Verdes Fritas 85
- Pure Languedoc 87
- Macarrones Veganos Sin Queso 89
- Pad Thai Vegano 92
- Pastel De Crema De Chocolate Y Plátano 95
- Envolturas Picantes De Quinua-Lentejas + Salsa De Tahini 97
- Verduras De Collar Veganas 100
- Tazón De Fideos Con Miso Al Rojo 104
- Pan De Coliflor De Espinacas 107
- Revuelto De Verduras Con 50 Sabrosos Huevos 109
- Sopa Cremosa De Brócoli 111
- Carbonara Vegetariana 113
- Kamut Cous Cous Con Salsa Verde 115
- Tabulè De Verduras 117
- Lasaña De Verduras 119
- Pasta Con Pesto De Albahaca Y Piñones 123

Ravioli De Ricotta Y Espinacas Con Mantequilla Y Salvia 126

Empanadilla De Patata Con Salsa De Tomate 129

Fritata De Vegetales 132

Keto Tzatziki 133

Quiche De Espinacas Con Champiñones (Sin Corteza). 136

Sopa Keto Estilo Chino 138

Sopa Cremosa De Queso Y Brócoli Cetogénica 140

Perritos Calientes De Tofu Con Chile

Ingredientes:

- 2 cucharaditas de ajo picado
- 2 chiles verdes, picados en trozos de 1 pulgada (o al gusto)
- 1 taza de tofu firme, picado en cubos de 1/2 pulgada
- 4-5 panecillos veganos para perros calientes
- 1 cucharada de aceite de oliva
- 1/2 taza de queso mozzarella vegano u otro queso vegano de su elección
- 4 cucharadas de salsa de tomate
- 2 cucharadas de salsa de soja
- 1 cucharada de salsa de chile verde

- 1 tomate grande, picado
- 1 pimiento verde, picado en cubos de 1/2 pulgada
- 1 pimiento amarillo, picado en trozos de 1/2 pulgada
- 2-3 cebollas pequeñas, cortadas en cuartos y las capas de cebollas separadas
- Sal al gusto

Direcciones:

1. Coloque una sartén antiadherente a fuego medio. Agregar el aceite. Cuando el aceite esté caliente, agregue el ajo y saltee durante unos minutos hasta que esté fragante.
2. Agregue la cebolla, la guindilla verde y el pimentón y saltee durante 2-3 minutos.
3. Agregue los tomates y fría unos minutos más. Agregue salsa de tomate, salsa de soja y salsa

de chile verde. Espolvorea un poco de agua sobre él.
4. Agregue los trozos de tofu y revuelva bien. Agregar sal y mezclar bien. Quita la estufa.
5. Cortar el panecillo para perros calientes en forma horizontal.
6. Extienda la mezcla de verduras y tofu en el pan con la parte cortada del pan hacia arriba.
7. Espolvoree con queso y cocine a la parrilla en la parrilla precalentada durante unos minutos hasta que el queso se derrita.
8. Sirva inmediatamente.

Macarrones Con Tomate Y Queso Vegano

Ingredientes:

- 1 taza de agua
- 2 cubos de sopa
- Sal al gusto
- Pimienta en polvo al gusto
- 1 cucharadita de orégano seco
- 1 1/2 tazas de macarrones secos
- 7.5 onzas de tomates enlatados en cubitos
- 1/2 taza de leche de soja
- 1 taza de queso cheddar vegano, triturado

Direcciones:

1. Coloque todos los Ingredientes:, excepto el queso, en una sartén de fondo grueso. Pon la sartén a fuego medio. Revuelva con frecuencia.
2. Cuando los fideos estén listos, retírelos del fuego.
3. Agregue el queso, revuelva y sirva.

Chile Vegetariano

Ingredientes:

- 1/2 lata de 14.5 onzas de tomates picados, triturados
- 1/2 lata de 15 onzas de granos enteros de maíz, escurridos
- 1 cebolla picada
- 1/2 pimiento verde picado
- 1/2 pimiento rojo picado
- 1 tallo de apio picado
- 2 dientes de ajo picados
- Sal y chile en polvo al gusto
- 1/2 cucharada de orégano seco

- 1/2 cucharada de perejil seco

- 1/2 lata de 19 onzas de sopa de frijoles negros baja en sodio

- 1/2 lata de 15 onzas de frijoles rojos, sin sal, enjuagados y escurridos

- 1/2 lata de 16 onzas de frijoles horneados vegetarianos

- 1/2 lata de 15 onzas de garbanzos, sin sal, enjuagados y escurridos

- 1/2 cucharada de albahaca seca

Direcciones:

1. Pon todos los INGREDIENTES::en una cacerola. Pon la olla a fuego medio. Llevar a hervir.
2. Reducir el fuego, tapar y cocinar durante unos 20 minutos.
3. Revuelva y sirva en tazones de pan tostado.

Ensalada De Arroz Integral Con Verduras A La Plancha

Ingredientes::

- 1 berenjena, cortada en aros
- 1 cebolla roja, en rodajas
- Aceite de oliva virgen extra para pincelar las verduras
- Jugo de 1 limón
- 2 cucharadas de vinagre de sidra de manzana
- 2 cucharadas de hojas de perejil fresco, finamente picadas
- 1 taza de arroz integral
- 2 tazas de agua
- 1 pimiento rojo, cortado en tiras

- 1 pimiento amarillo, cortado en tiras
- 1 calabacín, cortado en aros
- Sal y pimienta.

Direcciones:

1. Primero, cocina el arroz integral de acuerdo con las Direcciones:del paquete.
2. Lleve el agua a ebullición, agregue el arroz y una pizca de sal, luego cubra y cocine a fuego medio-bajo durante unos 40-45 minutos, o hasta que el arroz esté suave y bien cocido. Si es necesario, escurra el exceso de agua y deje que el arroz se enfríe.
3. Mientras tanto, enciende la barbacoa o precalienta una parrilla a fuego medio-alto.
4. Pintar las tiras de pimiento, las rodajas de calabacín, las rodajas de berenjena y las rodajas de cebolla con un poco de aceite de oliva virgen extra por ambos lados.

5. Asa las verduras hasta que estén tiernas y ligeramente carbonizadas. Esto tomará alrededor de 3-4 minutos por lado. También puede asar verduras en una parrilla si no tiene una barbacoa o una parrilla al aire libre.
6. Una vez asadas, transfiera las verduras a un tazón y déjelas enfriar un poco.
7. En un tazón grande, prepare la vinagreta mezclando el jugo de limón, el vinagre de sidra de manzana, el perejil picado, la sal y la pimienta.
8. Agregue el arroz integral enfriado al tazón con la vinagreta y mezcle bien para distribuir el aderezo.
9. Agregue las verduras asadas al arroz integral sazonado y revuelva suavemente para combinar todos los Ingredientes:.
10. Deje reposar la ensalada de arroz integral con verduras asadas en el refrigerador durante al

menos 30 minutos para que los sabores se mezclen.

11. Antes de servir, pruebe y ajuste de sal y pimienta si es necesario.
12. La ensalada de arroz integral con verduras asadas es fresca, nutritiva y llena de sabor.
13. Puedes personalizarlo añadiendo otras verduras o INGREDIENTES::de tu elección, como aceitunas negras o queso feta. Sírvelo como guarnición o como plato principal ligero.

Cena Picadillo De Zapallitos

Ingredientes:

- 1 cucharada de aceite de coco
- 1 cucharada de perejil picado
- Sal marina y pimienta a gusto
- ½ cebolla
- 1 zapallo largo mediano cortado en trocitos
- 1 huevo

Direcciones:

1. Pique la cebolla y coloque la cebolla en una sartén y cocine a fuego moderado hasta que se dore
2. Agregue el zapallito largo y cocine por 15 minutos a fuego moderado
3. Retire de fuego y coloque en un plato

4. En la misma sartén haga un huevo frito con un poquito de aceite de coco
5. Coloque el huevo frito sobre el picadillo de zapallito y sirva

Batido De Aguacate

Ingredientes::

- 1 cucharadita de extracto puro de vainilla
- 2 cucharadas de jarabe de arce puro o stevia al gusto
- 1/8 cucharadita de sal
- 1/2 aguacate grande
- ½ taza de leche de coco
- cucharada de proteína en polvo, opcional

Direcciones:

1. Pelar el aguacate y desechar el hoyo. Licúa todos los INGREDIENTES::hasta que esté completamente suave.
2. Sirva frío. Las sobras se pueden cubrir y refrigerar hasta por 3 días.

Aguacate Rellena

Ingredientes:

- 1 cucharadas de mayonesa
- 1 cucharaditas de mostaza
- 2 cucharaditas de jugo de limón
- 1 cucharadita de salsa picante
- ½ cucharadita de comino
- Sal y pimienta a gusto
- 1 huevo cocido
- ¼ cebolla picada
- 1/3 tallos de apio
- 1 guacate descarozado

Direcciones:

1. Corte la cebolla, el apio y los huevos en trocitos pequeños
2. En un bol coloque la cebolla, el apio y los huevos y agregue las 4 cucharadas de mayonesa, 2 cucharaditas de mostaza,2 cucharaditas de jugo de limón, 1 cucharadita de salsa picante, ½ cucharadita de comino y sal y pimienta a gusto
3. Mezcle bien
4. Corte la aguacate en dos y quite la semilla y rellene el centro de la aguacate con la mezcla
5. Sirva 1 porción

1-Sopa De Cebolla Estilo Francés

Ingredientes:

- 2 cda de harina de trigo.
- ½ litro de caldo.
- 8 rebanadas de pan blanco.
- 60 g de queso gruyere rallado.
- 500 g de cebollas lavadas y cortadas en tiras.
- 60 g de manteca.
- 1 taza de leche.
- Sal y pimienta al gusto.

Direcciones:

1. Saltear las cebollas en una olla junto a la manteca.

2. Luego de que se hayan puesto transparentes agregar la harina de trigo, se debe revolver con una cuchara de madera, luego se incorpora lentamente la leche.
3. Posteriormente se coloca el caldo de pollo, se salpimienta al gusto, dejando en el fuego unos 30 minutos más.
4. Cortar el pan en ruedas y poner a tostar. Colocar el queso y luego gratinar. Al momento de servir se deben poner las rodajas de pan en el fondo del plato y colocar sobre estas la sopa caliente.

2-Receta De Crema De Zanahoria Y Patata

Ingredientes:

- 1 diente de ajo.
- 50g de perejil picado.
- 200 ml de caldo de verduras.
- 100 ml de nata para cocinar.
- Sal y pimienta al gusto.
- 6 zanahorias medianas.
- 3 patatas grandes.
- 1 cebolla mediana.
- Aceite de oliva extra virgen.

Direcciones:

1. Lavamos bien todos los vegetales. Luego en una olla, con agua, colocamos las patatas sin pelar, las zanahorias, el diente de ajo y las cebollas, estos últimos pelados. Los dejamos hervir por unos 30 minutos.
2. Para evaluar si ya están en su punto, se deben pinchar con un tenedor la zanahoria y la patata, cuando ambos estén blandos, ya se debe apagar, retirar y escurrir el agua.
3. Procedemos a pelar las patatas y cortar en pedazos más pequeños, igual picamos las zanahorias y las cebollas.
4. En una licuadora procedemos a colocar todos los Ingredientes:, añadiendo el caldo de verduras y el perejil picado.
5. De la misma manera se procede a salpimentar. Luego de licuado se revisa que debe quedar una crema no tan liquida.
6. Ya con esta crema preparada la colocamos en una cazuela con la nata y cocinamos a fuego

lento por unos diez minutos más, siempre revolviendo. Para servir agregamos un chorrito de aceite de oliva.

Ensalada De Lentejas

Ingredientes:

- ½ pimiento rojo grande.

- 1 cebolleta mediana.

- 1 zanahoria mediana.

- Aceite de oliva.

- 400 g de lentejas cocidas

- ½ pimiento verde grande.

- Sal.

Direcciones:

1. Cocinar hasta ablandar las lentejas, hacer lo mismo aparte con la zanahoria limpia y pelada.

2. En un bol, agregar los pimientos, la cebolleta y la zanahoria, todos cortados en pequeños trozos. Revolver todo, colocar aceite de oliva y algo de sal.

Palomitas De Chocolate Chai

Ingredientes::

- 1 cucharada de cacao en polvo
- 1 1/2 cucharaditas de canela
- 1 cucharadita de cardamomo
- 1 cucharadita de jengibre molido
- 1/2 cucharadita de clavo o nuez moscada
- 3 cucharadas de aceite de coco
- 1/2 taza de palomitas de maíz (pref. orgánicas)
- 1 cucharada de azúcar (azúcar de coco o azúcar de caña orgánica)
- pizca de sal mineral + pimienta, opcional

Directions:

1. **Especias:** En un tazón pequeño, mezcle sus especias. Siéntase libre de usar medidas colmadas.
2. **Caliente el aceite:** en una olla grande, agregue aceite de coco, cubra y caliente a fuego medio alto durante aproximadamente 2 1/2 minutos.
3. **Agregue palomitas de maíz:** vierta las palomitas de maíz en la olla y cubra con una tapa, deje cocinar durante 2 a 3 minutos, agitando cuidadosamente la olla de un lado a otro casi continuamente. Las palomitas de maíz estarán listas cuando no escuche que los granos explotan durante 5 a 10 segundos.
4. **Agregue especias:** una vez que el estallido llegue al mínimo, levante la tapa, agregue las especias, cubra bien, levante con cuidado la olla e inclínela, dando vueltas y vueltas, boca abajo, de todas las formas que pueda.

5. **Sirva:** disfrute directamente de la olla o vierta las palomitas de maíz en un tazón grande o en tazones individuales pequeños.
6. Hace alrededor de 12 a 14 tazas
7. **Tienda:** Las sobras se pueden almacenar en contenedores o bolsas ziplock durante 1 a 2 semanas. Asegúrese de eliminar tanto como sea posible y de mantener la humedad alejada para evitar que se eche a perder demasiado pronto.

Tempeh Chow Mein

Ingredientes::

- 1/2 cabeza de repollo verde (alrededor de 4 tazas), rallado
- 1 tallo de apio grande, cortado en diagonal
- 2 zanahorias, peladas y rebanadas en diagonal
- 1 cebolla blanca pequeña, en rodajas
- 8 – 12 onzas paquete de fideos chow mein o fideos espaguetis
- 2 paquetes (8oz.) de tempeh
- 1 cucharada de aceite de sésamo o 1/4 taza de agua para saltear al agua

Salsa:

- 2 dientes de ajo picados o 1 cucharadita de ajo en polvo
- 1 pulgada de jengibre picado o rallado
- sal mineral + pimienta al gusto (pimienta blanca sería genial aquí)
- 1/4 taza de tamari, aminos de coco o salsa de soya
- 2 cucharadas de jarabe de arce puro
- 2 cucharadas de agua
- 1 cucharada de vinagre de vino de arroz, opcional

Directions:

1. **Fideos:** Si usa fideos chuka soba o chow mein, hierva agua en una olla, agregue los fideos, reduzca el fuego a medio y cocine por 4 minutos. Escurrir, enjuagar y reservar. Si usa

otros fideos, cocine como se indica en el paquete.

2. **Salsa para saltear:** En un tazón pequeño, mezcle los INGREDIENTES::para la salsa, reserve.
3. **Tempeh + cebolla:** En un wok grande, caliente el aceite de oliva a fuego medio a medio-alto, agregue el tempeh, desmoronándolo entre los dedos, y la cebolla, cocine 2 minutos.
4. **Verduras restantes:** agregue el apio, el repollo, la zanahoria y vierta 3/4 de la salsa por encima. Saltee, mezcle bien, durante otros 5 a 7 minutos, revolviendo ocasionalmente hasta que el repollo se haya reducido y ablandado.
5. **Agregar fideos:** Agregue los fideos y la salsa restante a las verduras, revuelva para cubrir, continúe cocinando hasta que los fideos estén bien calientes. Sazone al gusto con más tamari u otros condimentos.

6. **Servir:** Sirva tibio en tazones individuales y cubra con cebolletas opcionales, hojuelas de pimiento rojo y cilantro. ¡Las semillas de sésamo y / o la salsa de chile (sriracha) también serían geniales!
7. Sirve 4 generosamente, o de 6 a 8 porciones más pequeñas
8. **Almacenar:** Las sobras se pueden almacenar en el refrigerador hasta por 5 a 6 días, en un recipiente tapado. Para un almacenamiento más prolongado, mantenga las sobras en el congelador durante 2 a 3 meses en recipientes seguros para el congelador. Deje descongelar antes de recalentar.

Tazón De Fideos Con Miso Al Rojo

Ingredientes::

- un puñado de guisantes dulces
- 4 tazas de agua, dashi vegano o caldo de verduras
- 3 – 4 cucharadas de miso
- 4 onzas. tofu firme orgánico en cubos, opcional
- 1 cucharada de pasta de chile o sriracha
- 1 cucharadita de jengibre rallado, opcional
- 1 paquete (8 oz) de fideos de hilo de frijol (o fideos de elección)
- 4 libritos pequeños choy (o 2 más grandes)
- 2 zanahorias, peladas y rebanadas en diagonal

- 6 onzas. champiñones (shiitake, cremini o su favorito), rebanados

- al menos 4 hebras de brócoli rabe (brócoli bebé)

- 1 – 2 cebolletas, en rodajas finas

- manojo pequeño de cilantro

- semillas de sésamo tostadas

Directions:

1. **Fideos:** Cocine los fideos según las Directions:del paquete. Dejar de lado.
2. **Salteado:** en un wok o en un horno holandés , saltee los champiñones y las zanahorias a fuego medio-alto con 1 cucharada de aceite de sésamo o agua/caldo de verduras durante 3-4 minutos.
3. **Agregue los INGREDIENTES::restantes:** baje el fuego a medio-bajo, agregue agua, bok choy ,

zanahoria, guisantes dulces, jengibre y tofu opcionales, miso y pasta de chile. Cocine a fuego lento durante unos 10 a 15 minutos, revolviendo ocasionalmente, o hasta que se dore. Choy es tierno.

4. **Ensamble los tazones de fideos con miso:** En cada plato para servir, coloque una porción de fideos junto con las verduras y el caldo de miso picante. Cubra con cebolletas, semillas de sésamo tostadas y cilantro. Agregue más pasta de chile o sriracha al gusto.
5. **Almacenar:** Las sobras se pueden almacenar en el refrigerador hasta por 3 a 4 días. Vuelva a calentar en la estufa o en el microondas.

Muffins Ingleses Para El Desayuno

Ingredientes:

- 2 cucharadas de harina de almendras
- 1 cucharada de mantequilla
- 2 cucharadas de mantequilla de almendras
- 1 huevo batido
- 1 cucharada de leche de almendras, sin azúcar
- 1/2 cucharadita de levadura en polvo
- 1/8 cucharadita de sal

Direcciones:

1. Rocíe el molde con aceite en aerosol y reserve.

2. Derrita la mantequilla y la mantequilla de almendras en un plato apto para microondas y deje enfriar.
3. En un tazón pequeño, mezcle la harina de almendras, el polvo de hornear y la sal.
4. Vierta el huevo y la leche en los INGREDIENTES::secos y revuelva hasta que estén bien combinados. Agregar Tanto la mantequilla derretida y mezclar bien.
5. Vierta la mezcla en el molde preparado y cocine en el microondas durante 2 minutos.
6. Servir y disfrutar.

Pepino Relleno De Huevo Cremoso

Ingredientes:

- 2 cucharaditas de mostaza Dijon
- 4 huevos, duros y pelados
- 1 tallo de apio, cortado en cubitos
- 2 cucharadas de perejil picado
- 1 pepino grande, 12 pulgadas
- 1/4 taza de yogur natural
- 1/8 cucharadita de pimienta de cayena
- 1/4 cucharadita de pimienta molida
- 1/8 cucharadita de sal

Direcciones:

1. En un tazón, triture los huevos con un tenedor.
2. Agregue perejil, apio, yogur, mostaza, pimienta y sal. Revuelva bien.
3. Corte el pepino por la mitad y luego corte cada pieza por la mitad a lo largo.
4. Saca las semillas de pepino.
5. Divida la mezcla de huevos en 4 porciones iguales y rellene en cuatro pepinos
6. barcos
7. Espolvorea pimienta de cayena sobre la parte superior de cada pepino relleno.
8. Sirve inmediatamente y disfruta.

Pimientos Rellenos

Ingredientes:

- 1/4 taza de tomates cherry

- 1 cucharadita de salvia seca
- 2.5 onzas de queso cheddar, rallado
- 4 huevos
- 7 onzas de leche de almendras
- 2 pimientos morrones medianos, cortados por la mitad y sin semillas
- 2 cucharadas de aceite de oliva
- 1/4 taza de floretes de brócoli baby
- Pimienta
- Sal

Direcciones:

1. Precaliente el horno a 390 F.
2. En un tazón, mezcle los huevos, la leche, el brócoli, los tomates cherry, la salvia, la pimienta, y sal

3. Agregue aceite de oliva a la fuente para hornear y extienda bien.
4. Coloque las mitades de pimiento en la fuente para hornear.
5. Vierta la mezcla de huevo en las mitades de pimiento.
6. Espolvorea queso encima del pimiento.
7. Llevar al horno precalentado por 25 minutos. Servir y disfrutar.

Sopa De Col Negra

Ingredientes::

- 1 cebolla amarilla y 1 tallo de apio

- Unas hojas de salvia frescas o secas

- 400 gr de alubias cannellini (enlatadas)

- 250 g de garbanzos cocidos en lata

- 1 litro de caldo de verduras

- 200 g de puré de tomate
- 150 g de col negra
- Privado de tallos
- 1 zanahoria
- 2 dientes de ajo grandes
- 1 cucharadita de sal

Direcciones:

1. En una cazuela bastante grande y honda, sofreír la zanahoria, la cebolla, el apio y el ajo picados en abundante aceite de oliva virgen extra.
2. Dorar las verduras a fuego lento y mientras tanto escurrir el líquido de la vegetación, triturar la mitad de los frijoles cannellini con la ayuda de un tenedor o una batidora de inmersión.

3. Combinar el puré obtenido con las verduras salteadas y añadir el puré de tomate y la salvia. Remueve y deja que se cocine durante unos minutos.
4. Vierta un cucharón de caldo de verduras y continúe cocinando a fuego lento durante 15 minutos.
5. En este momento añadir la col negra, las otras alubias y la salvia y cocer a fuego lento durante 25-30 minutos, removiendo de vez en cuando y añadiendo un cucharón de caldo de verduras cuando se haya secado.
6. Añadir los garbanzos, escurridos y ya hervidos, y mezclar bien para integrar los sabores.
7. Sazonar con sal, aceite de oliva virgen extra y pimienta negra y servir la sopa bien caliente en un bol o plato hondo. ¡Disfrute de su comida!

Sopa De Espelta

Ingredientes::

- 1 zanahoria, 1 calabacín, 1 cebolla

- 150 gramos de patatas

- 100 gramos de repollo

- 200 gramos de espelta

- 150 gramos de judías borlotti hervidas

- 200 gramos de tomates pelados

Direcciones:

1. En una cacerola bastante grande, preferiblemente de barro o de hierro fundido, cocine a fuego lento todas las hierbas y verduras durante unos diez minutos. con un chorrito de aceite de oliva virgen extra y salpimentar.

2. Una vez hecha esta operación previa, añadir las patatas limpias, peladas y troceadas y los tomates pelados y triturados con un tenedor: dorar todo a fuego medio.
3. Remueve de vez en cuando para evitar que los INGREDIENTES::se peguen al fondo de la sartén y añade una cucharada de perejil picado, las alubias borlotti escurridas y cubre todo con un litro de agua o caldo de verduras.
4. Cocine durante 30 minutos a fuego lento. En este punto pasar a la batidora para reducir las verduras a una crema suave y aterciopelada.
5. Añadir la espelta a la mezcla así obtenida, remojar en agua fría durante 12 horas, si está previsto en el envase, y enjuagar.
6. Continúe cocinando durante 20-25 minutos después de hervir.
7. Sazonar con sal, pimienta y un chorrito de aceite crudo, y sirva su sopa de espelta todavía humeante. ¡Disfrute de su comida!

Sopa De Miso

Ingredientes::

- 1 verdura de hoja verde
- un trozo de alga wakame
- 2 cucharadas de aceite de oliva virgen extra
- 1 puñado de shiitake seco
- champiñones (opcional)
- 2 papas pequeñas
- 1 litro de agua
- 4 cucharaditas de pasta de miso
- 200 g de tofu natural (opcional)
- 1 cebolla, 1 zanahoria
- Semillas de sésamo tostadas

Direcciones:

1. Después de enjuagar las algas (secas), debes dejarlas en remojo durante unos minutos para que se reanimen.
2. Preparar un sofrito con la cebolla picada finamente cocida en el aceite de oliva.
3. Tan pronto como la cebolla se dore, vierta toda el agua y hierba.
4. Añadir las algas, bien exprimidas y cortadas en rodajas lo más finas posibles y la zanahoria cortada en rodajas.
5. Cocine durante unos 15-20 minutos a fuego medio, unos minutos después de la
6. Cuando esté cocido, añadir las acelgas, las espinacas o las hojas de apio cortadas en tiras.
7. En este punto añadir la pasta de miso previamente diluida en un par de cucharadas de agua tibia pero con cuidado de no hervir el caldo porque se alteran las propiedades nutricionales del mismo.

8. Al final de la cocción, para enriquecer aún más la sopa, recomendamos añadir el tofu previamente cortado en cubos al final o al principio de la cocción, los trozos de setas shiitake secas y las patatas troceadas, o incluso las semillas de sésamo tostadas.

Rollitos De Peperoni Y Queso

Ingredientes::

- 2 cucharadas de aceite de oliva virgen extra
- Sal y pimienta
- Hojas de albahaca fresca.
- 2 pimientos rojos grandes
- 200 g de queso (provola, mozzarella, fontina o queso de su elección)

Direcciones:

1. Precalentar el horno a 200°C.
2. Cortar los pimientos rojos por la mitad, quitar las semillas y los filamentos internos.
3. Coloque los pimientos en una bandeja para hornear forrada con pergamino, con la parte interior hacia arriba.

4. Cortar el queso en palitos del tamaño de tiras de pimiento.
5. Coloque una barra de queso en el interior de cada pimiento.
6. Enrolle suavemente la pimienta alrededor del queso, creando rollos. Asegúrate de que las tiras de pimiento se superpongan ligeramente para mantener la envoltura unida.
7. Cepille los rollos de pimienta con aceite de oliva virgen extra, luego sazone con sal y pimienta al gusto.
8. Hornee los rollos de pimiento durante unos 15-20 minutos, o hasta que los pimientos estén suaves y ligeramente dorados.
9. Retire los rollos de pimienta del horno y déjelos enfriar un poco.
10. Antes de servir, adornar los rollos con hojas de albahaca fresca.
11. Los rollos de pepperoni y queso son deliciosos servidos como aperitivo o como guarnición.

También puede agregarlos a un plato de pasta o ensalada para hacerlos más sustanciosos.

Espaguetis Con Tomate Fresco Y Albahaca

Ingredientes::

- 4 cucharadas de aceite de oliva virgen extra
- 10-12 hojas de albahaca fresca
- Sal y pimienta
- Queso rallado (opcional).
- 320 g de espaguetis
- 4 tomates maduros
- 2 dientes de ajo

Direcciones:

1. Pon a hervir una olla con agua con sal y cocina los espaguetis según las Directions:del

paquete, hasta que estén al dente. Escurrirlos y reservar.

2. Mientras tanto, prepara la salsa de tomate fresco. Pelar los tomates: quitar el tallo y hacer una incisión en cruz en la parte inferior de cada tomate. Blanquear los tomates en agua hirviendo durante aproximadamente 1 minuto, luego escurrirlos y sumergirlos en agua fría. Retire la piel y corte los tomates en cubos.

3. En una sartén grande, caliente el aceite de oliva virgen extra a fuego medio. Agregue los dientes de ajo enteros y dórelos ligeramente para darle sabor al aceite.

4. Añade los dados de tomate a la sartén con el ajo y déjalos cocinar a fuego medio durante unos 10-15 minutos, hasta que los tomates se hayan ablandado y suelten su jugo.

5. Agregue las hojas de albahaca fresca a la sartén y mezcle bien. Continúe cocinando

durante otros 2-3 minutos para permitir que el sabor de la albahaca impregne la salsa.
6. Retire los dientes de ajo de la salsa y sazone con sal y pimienta al gusto.
7. Agregue los espaguetis cocidos a la sartén con la salsa de tomate fresco y la albahaca. Revuelva bien para distribuir la salsa uniformemente por todo el espagueti.
8. Sirva los espaguetis con tomate fresco y albahaca caliente. Puede decorar con hojas de albahaca fresca adicionales y espolvorear con un poco de queso rallado si lo desea.
9. Estos espaguetis con tomate fresco y albahaca son un clásico de la cocina vegetariana italiana. Son fáciles de hacer y están llenos de sabores frescos.

Risotto Con Hongos Porcini

Ingredientes::

- 60ml de vino blanco seco
- 1 litro de caldo de verduras
- 2 cucharadas de aceite de oliva virgen extra
- 50 g de mantequilla (o aceite de oliva extra para una versión vegana)
- parmesano rallado (opcional para la versión vegana)
- Sal y pimienta
- 320 g de arroz para risotto (como Arborio o Carnaroli)
- 200 g de hongos porcini frescos (o hongos porcini secos rehidratados)

- 1 cebolla mediana, finamente picada

- 2 dientes de ajo, finamente picados

- Perejil fresco picado para decorar.

Direcciones:

1. Limpia los champiñones porcini frescos con un paño húmedo y córtalos en rodajas finas. Si usa hongos porcini secos, recuerde rehidratarlos en agua caliente durante unos 15-20 minutos, luego escúrralos y córtelos en rodajas.
2. En una cacerola, hierva el caldo de verduras, luego reduzca el fuego y manténgalo caliente a fuego lento.
3. En una sartén grande, caliente el aceite de oliva virgen extra y agregue la cebolla picada. Cocine a fuego medio-alto hasta que la cebolla esté transparente y ligeramente dorada.

4. Agregue los dientes de ajo picados y cocine por otros 1 a 2 minutos, revolviendo con frecuencia para evitar que se quemen.
5. Agregue los hongos porcini a la sartén y cocínelos hasta que se ablanden y suelten su líquido. Si usa champiñones porcini frescos, cocínelos durante unos 5-7 minutos. Si usa hongos porcini secos rehidratados, cocínelos durante unos 3-5 minutos.
6. Añade el arroz a la sartén con los champiñones y tuéstalo durante un par de minutos, revolviendo constantemente, hasta que esté transparente.
7. Vierta el vino blanco en la sartén y deje que se evapore por completo, revolviendo ocasionalmente.
8. Comience agregando el caldo de verduras caliente, un cucharón a la vez, al arroz, revolviendo constantemente. Sigue

agregando el caldo a medida que el arroz lo absorbe, revolviendo constantemente.
9. Continúe cocinando el risotto durante unos 18-20 minutos, o hasta que el arroz esté al dente y cremoso. Asegúrate de no cocinar demasiado el arroz.
10. Cuando el risotto esté casi listo, agregue la mantequilla (o aceite de oliva extra para una versión vegana) y mezcle bien. Sazone con sal y pimienta según su gusto.
11. Retire la sartén del fuego y deje reposar el risotto cubierto durante unos minutos. Esto permitirá que los sabores se mezclen.
12. Sirva el risotto con champiñones porcini calientes, decore con perejil fresco picado y, si lo desea, espolvoree queso parmesano rallado (para la versión no vegana).
13. El risotto de champiñones porcini es un plato rico y sabroso, perfecto para una comida o

cena vegetariana. Disfruta de este clásico de la cocina italiana.

Pudín De Chocolate

Ingredientes:

- ½ taza de leche de almendras
- 1 cucharada de polvo de cacao
- 5-10 gotas de extracto de Stevia
- ¼ taza de semillas de chia
- ¼ taza de leche de coco
- ½ cucharada de chocolate negro 85%

Direcciones:

1. Mezcle las semillas de chia, la leche de coco, la leche de almendras, y la el extracto de stevia.
2. Colóquelo en una licuadora y bata hasta que quede espeso.

3. Déjelo acentar por 15 minutos. Rocíe con el chocolate negro y sirva

Ensalada De Huevo Cremosa

Ingredientes::

- 3 huevos duros grandes, en rodajas
- 100 g de queso vegetarianos, en cubos
- 3 tazas de lechuga romana, cortada en trozos
- ½ taza de tomates cherry, cortados por la mitad
- 1 taza de pepino cortado en cubitos
- 2 cucharadas de crema coco
- 2 cucharadas de mayonesa
- ½ cucharadita de ajo en polvo
- ½ cucharadita de cebolla en polvo 1 cucharadita de perejil seco

- 1 cucharada de mostaza dijon

Direcciones:

1. Prepare el aderezo mezclando la crema de coco, la mayonesa y las hierbas secas hasta que se combinen.
2. Coloque su ensalada en capas con las verduras frescas, queso y huevo en rodajas.
3. Agregue una cucharada de mostaza Dijon en el centro.
4. Rocíe con el aderezo preparado, aproximadamente 2 cucharadas para una porción, luego revuelva para cubrir.

Filetes De Col

Ingredientes:

- 1 cucharada de cebolla en polvo
- 1 cucharada de perejil italiano fresco picado

- Sal y pimienta a gusto

- 2-3 cucharadas de aceite de oliva

- 1 col mediano

- 1/2 cucharadita de pimienta negra

- 1/2 cucharadita de hojuelas de pimiento rojo

Direcciones:

1. Cortar el tallo del col para que quede nivelado con la parte inferior de la cabeza.
2. Luego, corte el repollo en filetes de 3/4 "de grosor. Haga los cortes de arriba a abajo y mantenga intacto el núcleo interno. Si cortas el corazón, es posible que las hojas no se queden quietas.
3. Mezcle todos los INGREDIENTES::y con un pincel adobe los filetes de col
4. Precaliente el horno a 200 C.

5. Rocíe una bandeja para hornear grande con aceite en aerosol coloque los filetes y luego hornee durante 20 minutos
6. Luego, a la mitad de la cocción, gire la sartén y continúe asando durante otros 15 a 20 minutos o hasta que estén doradas, ligeramente carbonizadas y tiernas.

Ensalada De Frutas Y Queso Fresco

Ingredientes:

- 5 rodajas de piña.
- 10 fresas.
- 2 kiwis.
- 250 g de queso fresco.

Para el aderezo:

- 2 yogures desnatados.
- 4 cda de miel o sirope.
- 1 rama de hierbabuena.

Direcciones:

1. Lavamos y limpiamos bien las frutas, luego procedemos a cortarla en trozos pequeños, de

manera uniforme, las colocamos dentro de un bol.

2. Luego de hecho esto picamos el queso y lo colocamos sobre las frutas junto con las hojas de la hierbabuena, esta última lavada y picada. Colocamos todo en el refrigerador.
3. En un recipiente aparte colocamos el yogur junto con la miel, removiendo hasta formar una salsa uniforme.
4. Ya hecho esto, servimos la ensalada de frutas fría y la salsa aparte para que sea utilizada según el gusto.

Ensalada De Pera Y Queso Gorgonzola

Ingredientes:

- Un puñado de nueces peladas

- Opcional: Un puñado de pasas sin semillas hidratadas en agua media hora

- Para la vinagreta: 3 partes de aceite de oliva virgen extra por 1 de vinagre de manzana (o vinagre balsámico), sal, pimienta y una cucharadita de miel

- 100 g de mezclas de lechugas variadas

- 100 g de queso gorgonzola dulce o picante, a tu gusto

- 1 pera mediana de cualquier variedad

Direcciones:

1. Lavamos muy bien la lechuga y eliminamos cualquier resto de humedad sobre esta. La colocamos dentro de un bol y reservamos.
2. Procedemos a lavar y cortar la pera en rodajas, dejas la piel si es tu gusto. Unimos todo en el bol y agregamos las nueces y las pasas.
3. La vinagreta se hace uniendo todos los INGREDIENTES::en un recipiente adecuado para esto. La miel es conveniente calentarla para que pueda mezclarse mejor con los otros Ingredientes:.
4. Las frutas deben mantenerse frías hasta el momento de servir, precisamente es aquí cuando se le coloca esa vinagreta que preparaste, no antes pues puede cambiarte el sabor a uno no deseado.

Ensalada De Frutos Mixtos

Ingredientes:

- 2 manzanas.

- 20 uvas

- 2 peras

- 1 rodaja de sandía en trozos.

- 2 bananas.

- 2 naranjas grandes.

- 1/2 piña pequeña.

- 1 kiwi.

Direcciones:

1. Primeramente se debe limpiar y lavar bien todas las frutas. Posteriormente procedemos

a cortar en pedazos pequeños: las manzanas, bananas, la sandía, las peras y el kiwi.
2. A las naranjas sacarle los gajos y luego cortar en tres partes cada uno.
3. Corta por la mitad las uvas y límpialas de semillas. Luego debes colocar todas estas frutas en un bol.
4. Se puede hacer una salsa con un poco de aceite de oliva, el zumo de media naranja y miel.
5. La ensalada bien fría y con el aderezo preparado, ya puedes servirla.

Pan Súper Especiado

Ingredientes:

- 1 ¼ tazas de harina de almendras
- 1 huevo de linaza
- 2 cucharadas aceite de oliva
- ¾ cucharadita. sal
- 1 ½ cucharadas. condimento italiano

Direcciones:

1. Precalienta un horno a 300 grados F.
2. Agrega todos los INGREDIENTES::en un bol. Mezcle bien hasta formar una consistencia similar a una masa.
3. Colóquelos sobre una tabla de cortar y forme una hogaza como si fuera una forma.

4. Haga trozos finos y colóquelos sobre una bandeja para hornear engrasada.
5. Hornee durante 8-10 minutos para que queden crujientes.

Pan De Almendras Clásico

Ingredientes:

- 6 tazas de harina de almendras
- 3 huevos de lino
- 1 cucharadita bicarbonato
- ¼ cucharadita sal
- ½ taza de aceite de oliva
- ¼ taza de leche de almendras
- 2 cucharaditas Levadura en polvo

Direcciones:

1. Precalienta un horno a 350 grados F.
2. Engrase ligeramente un molde para pan grande con un poco de aceite.
3. Agrega todos los INGREDIENTES::en un bol.

4. Mezcle bien hasta formar una consistencia similar a una masa.
5. Colóquelos sobre una tabla de cortar y forme una hogaza como si fuera una forma.
6. Colóquelo en un molde para pan.
7. Hornee en el horno precalentado durante aproximadamente 1 hora.
8. Sacar y hacer rebanadas del pan.

Pan De Plátano Y Almendras

Ingredientes:

- 4 plátanos, pelados y picados
- 4 huevos de lino
- ½ cucharadas. bicarbonato
- ½ tazas de harina de almendras
- ⅓ taza de aceite de oliva

Direcciones:

1. Precalienta un horno a 350 grados F.
2. Tome un molde para pan engrasarlo con un poco de aceite.
3. Agrega todos los INGREDIENTES::en un bol.
4. Mezcle bien hasta formar una consistencia similar a una masa.

5. Colóquelos sobre una tabla de cortar y forme una hogaza como si fuera una forma.
6. Colóquelo en un molde para pan.
7. Hornee en el horno precalentado durante aproximadamente 1 hora.
8. ¡Saca el pan, haz rebanadas y sirve!

Sopa De Queso De Coliflor

Ingredientes:

- 1 cdta. ajo en polvo 1 cdta. sal kosher
- 4 onz. queso crema, en cubos
- 1 taza de queso cheddar queso rallado
- 1 cabeza de coliflor, Cortado
- ½ cebolla picada 2 cucharadas. aceite de oliva
- 3 tazas de caldo de pollo
- ½ taza de leche

Direcciones:

1. Caliente el aceite en una olla pesada a fuego medio-alto. Agregue la cebolla y cocine hasta

que se ablanden, aproximadamente 3 minutos.
2. Agregue coliflor, caldo, sal y ajo en polvo.
3. Deje hervir a fuego lento y cocine hasta que la coliflor esté tierna, unos 20 minutos. Agregue agua si es necesario durante la cocción.
4. Transfiera la coliflor a una licuadora o procesador de alimentos y mezcle hasta obtener un puré suave.
5. Regrese el puré de coliflor a la olla y agregue el queso crema y el queso cheddar, revolviendo mientras la mezcla se calienta a fuego medio-bajo.
6. Cuando el queso se haya derretido, agrega la leche y calienta bien.

Chile Vegetariano Keto

Ingredientes:

- 2 cucharadas. Salsa inglesa

- ¼ de taza de chile en polvo

- 2 cucharadas. comino

- 1 cucharada. Orégano seco

- 2 cucharaditas sal kosher

- 1 cucharadita pimienta negra recién molida

- 1 cda. aceite de oliva

- 2 ½ libras. carne molida, 85 por ciento magra

- ½ grande cebolla blanca, cortada en cubitos 8 dientes de ajo, picados

- 2 latas (15 oz cada una) tomates cortados en cubitos, el líquido reservado 6 oz. pasta de tomate

- 4 onzas. verde enlatadochiles, líquido reservado

Direcciones:

1. Caliente el aceite en una olla pesada a fuego medio-alto. Cuando el aceite esté caliente, agregue las cebollas y saltee hasta que estén suaves y translúcidas, aproximadamente 5 minutos.
2. Agregue el ajo a la olla y saltee por un minuto más.
3. Agregue el resto de los INGREDIENTES::a la olla y revuelva para combinar.
4. Deje hervir a fuego lento y cocine hasta que esté fragante, aproximadamente 30 minutos. Agregue agua si es necesario durante la cocción.

Sopa Keto Estilo Mexicano

Ingredientes:

- 2 cucharaditas comino

- 20 oz. Enlatadotomates cortados en cubitos 4 oz. chiles verdes enlatados

- 32 oz. caldo de carne

- 8 oz. queso crema

- ½ taza pesada crema

- ¼ de taza de cebolla picada

- 4 dientes de ajo picados

- 2 cucharadas. chile en polvo

- 1 cda. aceite de oliva

Direcciones:

1. Caliente el aceite en una olla pesada a fuego medio-alto. Cuando el aceite esté caliente, agregue las cebollas a la olla y saltee hasta que estén blandas y translúcidas, aproximadamente 5 minutos.
2. Agregue el ajo a la olla y saltee por un minuto más.
3. Agregue la carne molida a la olla y saltee hasta que la carne esté completamente dorada, revolviendo constantemente con una cuchara de madera o una espátula. Esto debería tardar unos 10 minutos.
4. Agregue el resto de los Ingredientes:, excluyendo la crema y el queso crema, a la olla y revuelva para combinar.
5. Deje hervir a fuego lento y cocine hasta que esté fragante, aproximadamente 30 minutos. Agregue agua si es necesario durante la cocción.

6. Agregue la crema y el queso crema, revolviendo constantemente hasta que el queso crema se derrita y la sopa esté espesa y cremosa.
7. Transfiera a tazones para servir y sirva caliente.

Judias Verdes

Ingredientes::

- 1 kilogramo de judías verdes
- 2 dientes de ajo
- 1 cebolla
- 1 pimiento verde
- Aceite de olive

Direcciones:

1. Sal y pimienta al gusto32 Lave y corte las judías verdes en trozos de unos 2-3 cm de largo.
2. Corte la cebolla, el ajo y el pimiento en trozos pequeños.
3. Caliente un poco de aceite de oliva en una sartén a fuego medio-alto.

4. Añada la cebolla, el ajo y el pimiento a la sartén y sofrita hasta que estén suaves.
5. Añada las judías verdes a la sartén y mezcle con los otros Ingredientes:.
6. Cubra la sartén y deje cocinar las judías a fuego medio-bajo durante unos 15-20 minutos, hasta que estén tiernas.
7. Sazone con sal y pimienta al gusto y sirva caliente.

Judias Verdes Fritas

Ingredientes::

- 50 g. de judias verdes
- Harina
- 1 huevo
- Aceite

Direcciones:

1. Lavar y cortar las judias verdes sin hilos.
2. Estando húmedas, añadir harina y seguidamente pasarlas por huevo batido. Colocar una a una en la sartén con aceite caliente y dejar dorar unos minutos.
3. Estas verduras son ricas en nutrientes y proporcionan una gran cantidad de vitaminas y minerales esenciales, como la vitamina C, vitamina K, hierro y fibra.

4. Además, las judías verdes tienen un alto contenido de antioxidantes, especialmente carotenoides, que ayudan a proteger las células del daño oxidativo y a reducir el riesgo de enfermedades crónicas.
5. También son bajas en calorías, lo que las convierte en una excelente opción para aquellos que intentan perder peso.
6. En la dieta vegetariana, las judías verdes se pueden comer solas o como parte de una ensalada, añadir a una pasta o arroz, o utilizarlas en una olla o guisado. También son un ingrediente popular en muchos platos veganos y vegetarianos, como sopas, guisos y estofados.

Pure Languedoc

Ingredientes::

- 1 kilogramo de patatas 1 diente de ajo
- 500 ml de leche
- Sal y pimienta al gusto 50 gramos de mantequilla

Direcciones:

1. Pelar y cortar las patatas en trozos pequeños.
2. Cocer las patatas en agua salada hasta que estén tiernas.
3. Drene las papatas y añada el ajo picado, la mantequilla, la leche y una pizca de sal y pimienta.
4. Triturar las papatas hasta que estén suaves y sin grumos.

5. Si desea un puré más cremoso, agregue más leche o mantequilla. Sazone con más sal y pimienta al gusto y sirva caliente.

Macarrones Veganos Sin Queso

Ingredientes:

- 6 onzas de pimiento rojo tostado, escurrido
- 2 cucharaditas de cebolla en polvo
- 1 1/2 cucharaditas de ajo en polvo
- 2 tazas de agua
- 1/2 taza de jugo de limón
- 1/2 taza de aceite de colza
- 12 onzas de macarrones de codo secos
- 1 1/2 tazas de anacardos
- 5 cucharadas de levadura nutricional
- 1 cebolla grande, picada
- Sal al gusto

- 2 cucharadas de aceite vegetal

Direcciones:

1. Coloque una cacerola llena de agua y sal a fuego medio. Llevar a hervir. Agregue los macarrones y cocine al dente. Escurrir en un colador.
2. Transfiera los macarrones a una fuente para hornear.
3. Coloque una cacerola a fuego medio. Agrega aceite vegetal. Cuando el aceite esté caliente, agregue las cebollas y saltee hasta que estén ligeramente doradas. Transfiérelo al tazón de macarrones.
4. Coloque los anacardos, el jugo de limón, un poco de agua y sal en una licuadora y revuelva hasta que quede suave.
5. Agregue los INGREDIENTES:restantes y mezcle todo hasta que quede suave.
6. Poner en el bol con los macarrones. Mezclar bien.

7. Hornee en un horno precalentado a 400 ° F hasta que la parte superior esté marrón claro.
8. Sacar del horno. Deje enfriar durante 10 minutos y luego sirva.

Pad Thai Vegano

Ingredientes:

- 2 dientes de ajo, en rodajas

- Paquete de 12 onzas de tofu extra firme, escurrido y cortado en cubitos

- 2 cucharadas de aceite de oliva

- Cacahuetes tostados para decorar

- Cilantro fresco para decorar

- 2 tazas de fideos de arroz, preparados según las Directions:del paquete

- 1 taza de floretes de brócoli

- 1 calabacín pequeño, en rodajas

- 4 cebolletas, picadas

Para la salsa:

- 1/4 taza de jugo de limón
- 1/2 cucharadita de ajo en polvo
- 1/4 taza de vinagre de arroz
- 1 cucharada de aceite de sésamo
- 1 taza de agua
- 1/2 taza de azúcar morena
- 1/2 taza de salsa de soja
- 2 cucharadas de pasta de tomate
- 1/4 taza de mantequilla de maní
- Salsa Sriracha al gusto

Direcciones:

1. Ponga todos los INGREDIENTES::de la salsa en un bol y bata bien.

2. Coloque una sartén grande o un wok a fuego medio-alto. Agregar el aceite. Cuando el aceite esté caliente, agregue calabacín, brócoli, ajo y tofu y saltee por unos minutos o hasta que el tofu esté dorado y las verduras crujientes.
3. Agregue la mezcla de salsa y la pasta y mezcle bien. Calentar bien.
4. Agregue el cilantro y revuelva bien.
5. Decore con maní tostado y sirva.

Pastel De Crema De Chocolate Y Plátano

Ingredientes::

- 4 plátanos
- 1/4 taza de cacao en polvo
- jugo de 1/2 limón
- 5 citas
- Anacardos
- Edulcorante de su elección (el néctar de agave o el jarabe de arce crudo son suficientes)
- 1 cucharadita. canela

Direcciones:

1. Para hacer la corteza, mezcle los dátiles, los anacardos y aproximadamente un cuarto de

taza de edulcorante en un procesador de alimentos hasta que se junten.
2. Luego, este producto se coloca en un molde para pasteles y se congela en un congelador para endurecerlo.
3. El relleno se prepara combinando plátanos, cacao en polvo, jugo de limón, canela y dos cucharadas del edulcorante elegido en el procesador.
4. Luego, el relleno resultante simplemente se vierte en la corteza endurecida mientras se colocan rodajas de plátano encima. Una vez congelado, el bizcocho está listo para servir.

Envolturas Picantes De Quinua-Lentejas + Salsa De Tahini

Ingredientes::

Mezcla de Lentejas y Quinua:

- 1 cucharadita de cebolla en polvo
- 1/2 cucharadita de sal rosa, o al gusto
- 1 cucharadita de hojuelas de pimiento rojo, opcional
- 2 cucharadas de perejil picado
- 1 cebolla verde, en rodajas finas
- 3/4 taza de lentejas rojas, ordenadas y enjuagadas
- 1/2 taza de quinua, enjuagada

- 2 1/2 tazas de agua, + más según sea necesario
- 2 cucharaditas colmadas de comino
- 1 cucharadita de ajo en polvo

Salsa picante de tahini:

- 1 cucharada de perejil, finamente picado
- repollo rallado o micro verduras
- lavash o tortillas de maíz (las tortillas de harina también funcionan)
- pasta de chile o sriracha
- 1/4 taza de tahini
- 1/2 taza de agua, + más según sea necesario
- jugo de 1/2 limón o 1 cucharada
- pizca de sal rosa

- pizca de hojuelas de pimiento rojo
- aguacate en rodajas, para tacos (opcional)

Directions:

Mezcla de lentejas y quinua:

1. En una cacerola mediana, agregue el agua, las lentejas, la quinua, el comino, el ajo y la cebolla en polvo, la sal y las hojuelas de pimiento rojo, hierva, cubra y cocine a fuego lento durante 20 minutos.
2. Retire del fuego, agregue el perejil picado y las cebolletas, deje reposar durante 10 minutos. Si siente que está demasiado seco, agregue un par de cucharadas de agua.
3. La mezcla debe ser cremosa, no seca. Agregue especias adicionales al gusto.
4. En un tazón pequeño, mezcle el tahini, el agua, el limón, la sal, las hojuelas de pimiento rojo y el perejil. Dejar de lado.

5. Coloque el pan lavash sobre una superficie plana. Extienda una cucharada más o menos de pasta de chile, aproximadamente a 1 1/2 pulgadas del borde en la primera porción de 1/3 de arriba a abajo, dejando una pulgada en ambos extremos.
6. Cubra con aproximadamente 1/2 taza de mezcla de lentejas y quinua y repollo, doble y enrolle. Cortar por la mitad y servir con un chorrito de salsa tahini en cada bocado.
7. Para los tacos, caliente sus tortillas, cubra con la mezcla de lentejas y quinua, micro verduras o repollo, agregue pasta de chile y aderezo de tahini al gusto y aguacate en rodajas.
8. Servir tibio, frío o a temperatura ambiente.
9. Las envolturas se pueden almacenar en el refrigerador hasta por 3 a 4 días, en un recipiente tapado.

Verduras De Collar Veganas

Ingredientes::

- 1 lata (14 oz.) de tomates cortados en cubitos (jugos en su mayoría escurridos) o 2 tomates frescos, cortados en cubitos

- 1 lata (14 oz.) de frijoles (frijoles, garbanzos o cannellini), escurridos y enjuagados (opcional)

- 2 – 3 cucharadas de jugo de limón (1 limón grande o 2 limones pequeños)

- 1/2 taza de caldo de verduras, según sea necesario

- sal y pimienta, al gusto

- 1 cucharada de aceite de oliva o 1/4 taza de caldo de verduras

- 1 taza de cebolla picada (chalote o cebolla)

- 2 – 3 dientes de ajo picados

- 1 manojo de col rizada (12 a 16 oz), sin tallos y picados
- hojuelas de pimiento rojo, al gusto (opcional)

Directions:

1. **Saltear :** Caliente el aceite en una sartén grande a fuego medio, agregue la cebolla y saltee durante 5 minutos. Agregue el ajo, saltee 1 minuto más.
2. **Cocine:** agregue las coles, los tomates, el jugo de limón y sal y pimienta, cocine otros 5 minutos. Agregue frijoles opcionales y continúe cocinando, revolviendo ocasionalmente, hasta que las coles se marchiten y los frijoles se calienten por completo. Prefiero mis coles al dente y cocinadas durante unos 5 minutos adicionales. El tiempo de finalización de la cocción variará según lo suaves que le gusten

las coles. Agregue el caldo de verduras si se cocina por más tiempo o según sea necesario.

3. Servir en cuencos individuales con unas gotas de limón. Combínalo con pan de maíz vegano o muffins de pan de maíz vegano con jalapeño.

4. **Almacenar:** Las sobras se pueden almacenar en el refrigerador hasta por 5 días.

Tazón De Fideos Con Miso Al Rojo

Ingredientes::

- un puñado de guisantes dulces

- 4 tazas de agua, dashi vegano o caldo de verduras

- 3 – 4 cucharadas de miso

- 4 onzas. tofu firme orgánico en cubos, opcional

- 1 cucharada de pasta de chile o sriracha

- 1 cucharadita de jengibre rallado, opcional

- 1 – 2 cebolletas, en rodajas finas

- manojo pequeño de cilantro

- 1 paquete (8 oz) de fideos de hilo de frijol (o fideos de elección)

- 4 libritos pequeños choy (o 2 más grandes)
- 2 zanahorias, peladas y rebanadas en diagonal
- 6 onzas. champiñones (shiitake, cremini o su favorito), rebanados
- al menos 4 hebras de brócoli rabe (brócoli bebé)
- semillas de sésamo tostadas

Directions:

1. **Fideos:** Cocine los fideos según las Directions:del paquete. Dejar de lado.
2. **Salteado:** en un wok o en un horno holandés , saltee los champiñones y las zanahorias a fuego medio-alto con 1 cucharada de aceite de sésamo o agua/caldo de verduras durante 3-4 minutos.
3. **Agregue los INGREDIENTES::restantes:** baje el fuego a medio-bajo, agregue agua, bok choy ,

zanahoria, guisantes dulces, jengibre y tofu opcionales, miso y pasta de chile. Cocine a fuego lento durante unos 10 a 15 minutos, revolviendo ocasionalmente, o hasta que se dore. Choy es tierno.

4. **Ensamble los tazones de fideos con miso:** En cada plato para servir, coloque una porción de fideos junto con las verduras y el caldo de miso picante. Cubra con cebolletas, semillas de sésamo tostadas y cilantro. Agregue más pasta de chile o sriracha al gusto.

5. **Almacenar:** Las sobras se pueden almacenar en el refrigerador hasta por 3 a 4 días. Vuelva a calentar en la estufa o en el microondas.

Pan De Coliflor De Espinacas

Ingredientes:

- 1 taza de espinacas
- 1/2 cebolla, picada
- 1 cucharada de aceite de coco
- Pimienta
- 1 cabeza de coliflor, cortada en floretes
- 2 dientes de ajo, machacados
- 2 huevos
- Sal

Direcciones:

1. Agregue la coliflor en el procesador de alimentos y procese hasta que parezca migas de pan.

2. Agregue aceite a la sartén y caliente a fuego medio.
3. Agregue la coliflor, la cebolla y el ajo a la sartén y saltee durante 10 minutos.
4. Bate los huevos en un tazón y agrega la coliflor y los INGREDIENTES::restantes. Revuelva bien.
5. Rocíe una bandeja para hornear con aceite en aerosol.
6. Vierta la mezcla de coliflor en rodajas en la bandeja preparada y hornee a 350 F durante 15 minutos.
7. Servir y disfrutar.

Revuelto De Verduras Con 50 Sabrosos Huevos

Ingredientes:

- 1/4 taza de pimientos picados

- 4 champiñones Bella, en rodajas

- 1 cucharada de aceite de coco

- 3 huevos batidos

- 1/2 taza de espinacas, picadas

- Pimienta

- Sal

Direcciones:

1. Derrita media cucharada de aceite de coco en una sartén a fuego medio.
2. Agregue las verduras y saltee durante 5 minutos.

3. Caliente el aceite restante en otra sartén y agregue los huevos batidos en la sartén y cocine
4. a fuego medio, revolviendo constantemente para evitar que se cocinen demasiado.
5. Sazone los huevos cocidos con pimienta y sal.
6. Agregue las verduras salteadas a la mezcla de huevo y mezcle bien.
7. Servir y disfrutar.

Sopa Cremosa De Brócoli

Ingredientes:

- 1 aguacate pequeño, pelado y rebanado
- 2 tazas de caldo de verduras
- 4 tazas de floretes de brócoli
- 1/2 cucharadita de nuez moscada molida

Direcciones:

1. Agregue el caldo a la olla y deje hervir a fuego medio-alto.
2. Agregue el brócoli a la olla y cocine por 8 minutos o hasta que esté tierno.
3. Reduzca el fuego a bajo y agregue el aguacate y la nuez moscada. Revuelva bien y los cocineros continúan.
4. durante 4 minutos.

5. Usando una licuadora, haga puré la sopa hasta que quede suave.
6. Servir y disfrutar.

Carbonara Vegetariana

Ingredientes::

- 200 ml de crema de soja
- 1/2 cucharadita de cúrcuma
- 200 gr de frankfurt de seitán ahumado
- 400 g de espaguetis, 1 calabacín
- 100 g de guisantes muy finos en conserva o frescos

Direcciones:

1. Y ahora es el momento de explicar esta receta paso a paso. Comienza colocando una olla de agua fría en llamas.
2. Los tiempos de cocción de la pasta varían según el formato elegido el consejo es optar por los clásicos espaguetis gruesos (n. 5, unos 14 minutos de cocción).

3. Mientras el agua hierve, vierte la crema de soja en un cazo aparte y añade una pizca de cúrcuma, sal y pimienta, que formarán la base (sustituto de huevo) con la que mezclar la pasta después de la cocción.
4. Mientras tanto, corta el calabacín en rodajas finas y dorarlo en una sartén junto con los guisantes con un chorrito de aceite.
5. Añadimos las salchichas de seitán troceadas a las verduras y dejamos unos minutos al fuego hasta que alcancen el punto crujiente deseado.
6. Escurrir la pasta y verterla en la sartén, mezclando bien con la ayuda de un poco de agua de la cocción.

Kamut Cous Cous Con Salsa Verde

Ingredientes::

- 2 cabezas de ajo picados
- 2 cebolletas frescas
- 100 g de tofu picado
- 2 cucharadas de crema de verduras
- 1 cucharadita de mantequilla vegetal
- 200 g de cuscús
- Hecho con harina de kamut
- 2 cucharadas de salsa de soja china shoyu
- 2 cucharadas de aceite de oliva
- Perejil picado
- 2 cucharadas de semillas de sésamo tostadas

Direcciones:

1. Engrasa una cacerola con 2 cucharadas de aceite de oliva, añade el cuscús y tuéstalo.
2. Añadir el agua hirviendo y retirar del fuego, mezclar durante unos 2 minutos, luego volver a poner a hervir durante 3 minutos y finalmente desmenuzar con un tenedor.
3. Manténgalo caliente mezclándolo con una cucharadita de mantequilla de soya.
4. Aparte, preparar la salsa verde. Añadir las cebolletas y reducir todo a crema, añadiendo el tofu ya pasado por un pasapurés y escaldado, las cabezas de ajo, la crema de arroz, el shoyu y el perejil.
5. Espolvorear con el sésamo blanco previamente tostado. Puedes asar el tofu en lugar de machacarlo.
6. ¡Será igual de bueno! Sazone el cuscús caliente con la salsa verde y sirva. ¡Disfrute de su comida!

Tabulè DE VERDURAS

Ingredientes::

- 8 tomates cherry
- 1 pepino
- Jugo de 1/2 limone
- Perejil, menta, sal
- 150 g de bulgur
- 300 g de agua
- 2 cebolletas frescas
- Aceite de oliva virgen extra

Direcciones:

1. Después de cocinar el bulgur de acuerdo con las instrucciones, déjelo enfriar y transfiérelo

a un tazón grande, desgranando bien los granos.

2. Cortar las verduras frescas (cebolleta, tomates cherry y pepino) en trozos y añadirlos al bulgur.
3. Luego vierta el jugo de limón y la menta y el perejil ya picados, luego mezcle todo bien.
4. Añade sal y aceite a tu gusto y vuelve a remover para mezclar bien la ensalada.
5. Una vez preparado lo puedes conservar en la nevera, dejando que el bulgur absorba bien el sabor de los distintos Ingredientes:. ¡Disfrute de su comida!

Lasaña De Verduras

Ingredientes::

- 400 g de puré de tomate
- 1 cebolla mediana, finamente picada
- 2 dientes de ajo, finamente picados
- 200 g de mozzarella en dados
- 100 g de queso rallado (como parmesano o pecorino)
- 2 cucharadas de aceite de oliva virgen extra
- Sal y pimienta
- Albahaca fresca para decorar.
- 250 g de láminas de lasaña

- 2 calabacines medianos, cortados en rodajas finas

- 1 berenjena mediana, en rodajas finas

- 1 pimiento rojo, cortado en tiras

- 200 g de espinacas frescas, lavadas y escurridas

Direcciones:

1. Precalentar el horno a 180°C (350°F). Preparar un molde rectangular ligeramente engrasado.
2. En una sartén, calentar el aceite de oliva virgen extra y añadir la cebolla picada. Cocine a fuego medio-alto hasta que la cebolla esté transparente y ligeramente dorada.
3. Agregue los dientes de ajo picados y cocine por otros 1 a 2 minutos, revolviendo con frecuencia para evitar que se quemen.
4. Agregue el puré de tomate a la sartén y cocine durante unos 10 minutos a fuego medio-bajo,

revolviendo ocasionalmente. Sazone con sal y pimienta según su gusto.

5. En una olla aparte, hierva abundante agua con sal y cocine las espinacas durante 2-3 minutos. Escúrralas y enfríelas inmediatamente en agua fría para detener la cocción. Exprima suavemente las espinacas para eliminar el exceso de agua y reserve.
6. Prepara otra olla con agua con sal y cocina las rodajas de calabacín, berenjena y pimiento durante unos minutos, hasta que estén ligeramente tiernas. Escúrralos y guárdelos a un lado.
7. Empezar a montar la lasaña. Extienda una capa de salsa de tomate en el fondo de la sartén. Luego, coloque una capa de láminas de lasaña, seguida de una capa de cubos de calabacín, berenjena, pimiento, espinaca y mozzarella. Repite las capas hasta que te quedes sin Ingredientes:, terminando con una

capa de salsa de tomate y queso rallado encima.

8. Cubra la sartén con papel de aluminio y cocine la lasaña en el horno durante unos 30-35 minutos. Luego, destape la sartén y cocine por otros 10 a 15 minutos, o hasta que la parte superior esté dorada y crujiente.
9. Retire la lasaña del horno y déjela reposar unos minutos antes de servir. ¡Decora con albahaca fresca picada y disfruta de la deliciosa lasaña de verduras!
10. La lasaña de verduras es un plato sabroso y nutritivo, perfecto para una cena vegetariana. Están llenos de colores y sabores frescos de vegetales.

Pasta Con Pesto De Albahaca Y Piñones

Ingredientes::

- 2 dientes de ajo
- 1/2 taza de queso rallado (como parmesano o pecorino)
- 1/2 taza de aceite de oliva virgen extra
- 350 g de pasta (preferiblemente linguini o espagueti)
- 2 tazas de hojas de albahaca fresca
- 1/2 taza de piñones
- Sal y pimienta.

Direcciones:

1. Ponga a hervir una olla grande de agua con sal y cocine la pasta de acuerdo con las

Directions:del paquete. Escurrirlo al dente, reservando un poco de agua de cocción.

2. Mientras tanto, preparar el pesto de albahaca y piñones. En una licuadora o batidora, pon las hojas de albahaca, los piñones, el ajo y el queso rallado. Licúa los INGREDIENTES::hasta obtener una consistencia suave.

3. Poco a poco agregue el aceite de oliva virgen extra al pesto sin dejar de mezclar, hasta que la salsa esté cremosa. Si es necesario, añadir un poco del agua de cocción de la pasta para diluir el pesto y obtener la consistencia deseada. Prueba y ajusta la sal y la pimienta a tu gusto.

4. Vierta la salsa de pesto preparada sobre la pasta escurrida y mezcle bien para asegurarse de que todas las hebras de pasta estén cubiertas de manera uniforme.

5. Servir la pasta caliente con pesto de albahaca y piñones, adornar con unas hojas de albahaca fresca y un poco de queso rallado.
6. La pasta con pesto de albahaca y piñones es un plato clásico de la cocina italiana, sencillo de preparar y lleno de sabor.

Ravioli De Ricotta Y Espinacas Con Mantequilla Y Salvia

Ingredientes::

- 50 g de queso rallado (como parmesano o pecorino)
- 1/2 cucharadita de nuez moscada
- Sal y pimienta
- 50 g de mantequilla
- 300g de pasta fresca para ravioles (o la puedes preparar en casa)
- 250 g de ricota fresca
- 200 g de espinacas frescas, lavadas y escurridas
- 1 huevo

- Hojas de salvia fresca.

Direcciones:

1. Empieza preparando el relleno para los ravioles. En una sartén, dore las espinacas durante unos minutos hasta que se ablanden. Escúrralas bien para eliminar el exceso de agua y déjelas enfriar.
2. En un bol mezclar la ricotta, las espinacas escurridas, el huevo, el queso rallado y la nuez moscada. Sazone con sal y pimienta según su gusto. Mezclar bien hasta obtener una mezcla homogénea.
3. Estirar la masa de raviolis sobre una superficie enharinada. Vierta el relleno sobre las mitades de la masa, separándolas.
4. Cubrir el relleno con la otra mitad de la pasta y sellar bien los bordes de los ravioles presionando con los dedos o un tenedor. Asegúrese de que no haya burbujas de aire atrapadas.

5. Pon a hervir agua con sal en una olla y cocina los raviolis durante unos 2-3 minutos o hasta que estén al dente. Escúrralos con cuidado.
6. Mientras tanto, en una sartén grande, derrita la mantequilla a fuego medio-alto. Agregue las hojas de salvia y cocine por unos minutos hasta que la mantequilla comience a dorarse y la salvia esté crujiente.
7. Agregue suavemente los raviolis a la sartén con la mantequilla y la salvia. Revuelva suavemente para cubrirlos con el aderezo.
8. Transfiera los raviolis a platos individuales y decore con unas hojas de salvia extra y una pizca de queso rallado.
9. Los raviolis de ricotta y espinacas con mantequilla y salvia son un delicioso y refinado primer plato, perfecto para una cena especial.

Empanadilla De Patata Con Salsa De Tomate

Ingredientes::

- 2 cucharadas de aceite de oliva
- 2 dientes de ajo
- Albahaca fresca
- Sal y pimienta
- Queso rallado (opcional).
- 500 g de patatas
- 200 g de harina
- 1 huevo
- Sal
- 400 g de tomates pelados

Direcciones:

1. Hervir las papas con su piel hasta que estén tiernas. Escúrralos y déjelos enfriar un poco.
2. Pelar las patatas y pasarlas por un pasapurés o triturarlas con un tenedor hasta que queden tiernas.
3. Añadir la harina al puré de patatas, un huevo y una pizca de sal. Mezcla bien hasta obtener una masa suave y elástica. Si es necesario, agregue un poco más de harina.
4. Divida la masa en porciones pequeñas y extiéndalas sobre una superficie enharinada para formar cilindros largos. Cortar los cilindros en trozos de unos 2 cm de largo.
5. Prepara la salsa de tomate. En una sartén, calentamos el aceite de oliva y añadimos los dientes de ajo machacados. Sofríe el ajo unos minutos hasta que se dore.
6. Agregue los tomates pelados a la sartén y macháquelos ligeramente con un tenedor. Agregue sal, pimienta y algunas hojas de

albahaca fresca. Cocine a fuego medio-bajo durante unos 15 a 20 minutos, hasta que la salsa espese un poco.
7. Mientras tanto, ponga a hervir una olla de agua con sal. Cuece los ñoquis en agua hirviendo hasta que suban a la superficie. Escúrralos con una espumadera y transfiéralos a la sartén con la salsa de tomate.
8. Mezcle suavemente los ñoquis en la salsa de tomate hasta que estén completamente cubiertos. Cocine por otro minuto para mezclar los sabores.
9. Sirva los ñoquis de papa con salsa de tomate caliente, adorne con hojas frescas de albahaca y espolvoree queso rallado (si lo desea).
10. Los ñoquis de patata con salsa de tomate son un plato clásico de la cocina italiana, sencillos de preparar e irresistiblemente deliciosos.

Fritata De Vegetales

Ingredientes::

- ¼ cucharadita de sal más al gusto
- 1 aguacate en rodajas
- ¼ c de crema de coco
- 1 taza de queso rallado vegetariano
- Albahaca fresca para decorar
- 1 cucharada de aceite de oliva
- 1 taza de champiñones en rodajas
- 1 taza de pimiento en rodajas de cualquier color
- 7 huevos
- ½ cucharadita de ajo en polvo

- ¼ taza de crema de coco

Direcciones:

1. Precaliente el horno a 190 ° C.
2. En una sartén caliente el aceite de oliva a fuego medio-alto. Saltee los pimientos y los champiñones durante 4-5 minutos hasta que estén dorados y ligeramente caramelizados.
3. En un tazón, mezcle los huevos con ajo en polvo, sal y crema de coco.
4. Vierta la mezcla de huevo sobre los pimientos y champiñones cocidos.
5. Hornee por 15-18 minutos.
6. Cubra con queso y vuelva al horno por 2 minutos.

Keto Tzatziki

Ingredientes::

- 1 cucharada de aceite de oliva

- 2 cucharaditas de eneldo fresco finamente picado
- 1 cucharadita de jugo de limón
- 1/2 cucharadita de menta fresca finamente picada
- 1/4 cucharadita de sal
- 1/2 taza (150 g) de yogur vegetariano
- 1/2 pepino mediano
- 1 diente de ajo picado

Direcciones:

1. Cortar el pepino por la mitad y luego a lo largo. Con una cuchara, quita la semilla del pepino.
2. Usando un rallador, ralle el pepino y transfiera el pepino rallado a una gasa y exprima y deseche el líquido.

3. Transfiera el pepino rallado de la gasa a un tazón para mezclar. Agregue los INGREDIENTES::restantes y mezcle bien.

Quiche De Espinacas Con Champiñones (Sin Corteza)

Ingredientes::

- 12 huevos
- 100 g de queso crema vegetariano
- 12 cucharadas de mantequilla derretida
- 150 g de queso vegetariano rallado
- Sal y pimienta a gusto

Direcciones:

1. Volcar todo menos una media taza de queso en un molde para tartas.
2. Agregue huevos y queso crema a un procesador de alimentos o licuadora.
3. Procese los huevos y la nata mientras vierte lentamente la mantequilla derretida.

4. Vierta la mezcla de huevo sobre el queso en el molde para pastel.
5. Espolvoree el queso rallado reservado sobre la parte superior.
6. Hornee a 160 C durante aproximadamente 45 minutos o hasta que el exterior esté listo y el medio es solo un poco tembloroso.
7. Retirar del horno y enfriar sobre la rejilla durante unos minutos antes rebanar
8. Guarde las sobras en el refrigerador por hasta una semana o en el congelador por más tiempo almacenamiento.

Sopa Keto Estilo Chino

Ingredientes:

- 1 taza de champiñones frescos picada 3 cucharadas. salsa de soja

- 1 Cda. vinagre blanco 2 cucharadas. vinagre de arroz 1 cdta. sal

- 2 cucharadita negro recién molidopimienta 3 cucharadas. agua

- 4 huevos batidos

- 5 tazas de caldo de verduras

- 1 libra de lomo de cerdo u otro cerdo magro, cortado en trozos finos del tamaño de un bocado

- 1 libra de tofu extra firme, en cubos

Direcciones:

1. Ponga todos los Ingredientes:, excepto los huevos y el tofu, en una olla pesada.
2. Deje hervir a fuego lento y cocine hasta que la carne esté bien cocida y los champiñones estén tiernos, aproximadamente 30 minutos. Agregue agua si es necesario durante la cocción.
3. Incorpora lenta y cuidadosamente el tofu y los huevos batidos. Deje reposar la sopa tibia durante al menos 3 minutos para que los huevos se cocinen.
4. Transfiera a tazones para servir y sirva caliente.

Sopa Cremosa De Queso Y Brócoli Cetogénica

Ingredientes:

- ¼ de taza de cebolla picada
- ¼ de taza de apio, cortado en cubitos
- 1 ½ tazas de caldo de verduras
- ½ taza pesada crema
- 1 taza de brócoli picado
- 5 oz. queso cheddar, rallado 2 cucharadas. manteca
- 1 cda. aceite de oliva

Direcciones:

1. Caliente el aceite en una olla pesada a fuego medio-alto. Cuando el aceite esté caliente, agregue las cebollas y el apio a la olla y saltee

hasta que la cebolla esté suave y translúcida, aproximadamente 5 minutos.
2. Agregue el ajo a la olla y saltee por un minuto más.
3. Agregue el resto de los Ingredientes:, excluyendo la crema y el queso, a la olla y revuelva para combinar.
4. Deje hervir a fuego lento y cocine hasta que las verduras estén tiernas, unos 30 minutos. Agregue agua si es necesario durante la cocción.
5. Agregue la crema, revolviendo constantemente hasta que el queso se derrita y la sopa esté espesa y cremosa.
6. Transfiera a tazones para servir y sirva caliente.

www.ingramcontent.com/pod-product-compliance
Lightning Source LLC
LaVergne TN
LVHW010224070526
838199LV00062B/4711